Gloria a Dios por esta
Serie sobre el matrimonio de Enfoque a la Familia

Esta serie de estudios sobre el matrimonio tiene un completo
Enfoque a la Familia -confiable, con un sólido fundamento bíblico
y dedicado a restablecer los valores familiares en la sociedad actual.
Sin duda esta serie ayudará a una multitud de parejas a fortalecer
su relación, no solo del uno con el otro, sino también con Dios,
el *creado*r mismo del matrimonio.

Bruce Wilkinson

Autor de *La oración de Jabes, Secretos de la viña,*
y *Una vida recompensada por Dios*

En esta era de tanta necesidad, el equipo del Dr. Dobson ha producido
materiales sólidos y prácticos respecto al matrimonio cristiano.
Toda pareja casada o comprometida sacará provecho de este estudio
de los fundamentos de la vida en común, aunque ya hayan realizado
otros estudios sobre el tema. Gracias a *Enfoque a la Familia* por ayudarnos
a establecer correctamente esta máxima prioridad.

Charles W. Colson

Presidente de *Prison Fellowship Ministries*

En mis 31 años como pastor he oficiado cientos de bodas.
Infortunadamente, muchas de esas uniones fracasaron. Cuánto hubiera
apreciado poder contar con esta *Serie sobre el matrimonio* de *Enfoque a la
Familia* en aquellos años. ¡Qué maravillosa herramienta tenemos a
nuestra disposición, como pastores y líderes cristianos! Los animo
a utilizarla para ayudar a quienes están bajo su cuidado a edificar
matrimonios prósperos y saludables.

H. B. London, Jr.

Vicepresidente, Ministerio de Extensión / Ministerios Pastorales
Enfoque a la Familia

¿Está buscando una receta para mejorar su matrimonio?
¡Disfrutará esta serie práctica y oportuna sobre el tema!

Dr. Kevin Leman

Autor de *El sexo y la comunicación en el matrimonio*

La *Serie sobre el matrimonio* de *Enfoque a la Familia* tiene éxito porque no
centra su atención en cómo establecer o fortalecer un matrimonio,
sino en *quién* puede hacerlo. A través de este estudio usted aprenderá
que un matrimonio bendecido será la feliz consecuencia de una
relación más íntima con el *creador* del matrimonio.

Lisa Whelchel

Autora de *Creative Correction* y
The Facts of Life and Other Lessons My Father Taught Me

En una época en la que el pacto del matrimonio se deja rápidamente de
lado en nombre de la incompatibilidad y de las diferencias irreconciliables,
se necesitaba con urgencia un estudio bíblico que fuera a la vez práctico
e inspirador. La *Serie sobre el matrimonio* de *Enfoque a la Familia*
es justamente lo que las parejas están buscando. Recomiendo
decididamente esta serie de estudios bíblicos, que tiene el potencial
para impactar profundamente los matrimonios hoy y mejorarlos.
El matrimonio no consiste tanto en encontrar el compañero correcto
como en ser el compañero correcto. Estos estudios contienen
maravillosas enseñanzas bíblicas para ayudar a quienes desean aprenderlo,
el hermoso arte de llegar a ser el cónyuge que Dios había previsto
para su matrimonio.

Lysa TerKeurst

Presidente, Proverbs 31 Ministries
Autora de *Capture His Heart* y *Capture Her Heart*

La abundancia
en el matrimonio

La abundancia en el matrimonio
Serie sobre el matrimonio de Enfoque a la Familia®
Publicado por Casa Creación
Una compañía de Strang Communications
600 Rinehart Road
Lake Mary, Florida 32746
www.casacreacion.com

A menos que se indique lo contrario, todos los textos bíblicos
han sido tomados de la *Santa Biblia, Nueva Versión Internacional* (NVI),
© 1999 por la Sociedad Bíblica Internacional. Usado con permiso.

Traducido por:
Carolina Laura Graciosi y
María Bettina López

Editado por:
María del C. Fabbri Rojas

Diseño interior por:
Grupo Nivel Uno, Inc.

Library of Congress Control Number: 2004116011

ISBN: 1-59185-503-9

Impreso en los Estados Unidos de América

04 05 06 07 ❖ 8 7 6 5 4 3 2 1

Tabla de contenido

Prólogo

El campo misionero más urgente aquí en la tierra no se encuentra del otro lado del mar, ni siquiera al cruzar la calle; se encuentra exactamente donde usted vive: en su hogar y su familia. La última instrucción de Jesús fue: "Vayan y hagan discípulos de todas las naciones" (Mateo 28:19). Al considerar este mandato, nuestros ojos miran al otro extremo del mundo buscando nuestro campo de labor. Eso no está mal; pero no es *todo*. Dios se propuso que fuera el hogar el primer lugar de discipulado y crecimiento cristiano (vea Deuteronomio 6:4-8). Los miembros de nuestra familia deben ser los *primeros* a quienes alcancemos, mediante la palabra y el ejemplo, con el Evangelio del Señor Jesucristo, y el modo fundamental de lograrlo es por medio de la relación matrimonial.

El divorcio, las familias disfuncionales, el rompimiento de la comunicación y las complejidades de la vida diaria están teniendo consecuencias devastadoras en el matrimonio y la familia, instituciones ordenadas por Dios. No necesitamos ir muy lejos para darnos cuenta de que aun las familias y matrimonios cristianos se encuentran en situación crítica. Esta serie fue desarrollada en respuesta a la necesidad de edificar familias y matrimonios centrados en Cristo.

Enfoque a la Familia es un ministerio reconocido y respetado en todo el mundo por su incansable dedicación a preservar la santidad de la vida matrimonial y familiar. No puedo pensar en otra asociación mejor que la formada por Enfoque a la Familia y Casa Creación para la producción de la *Serie sobre el matrimonio* de *Enfoque a la Familia*. Esta serie está bien escrita, es bíblicamente sólida y adecuada a su objetivo de guiar a las parejas a explorar los fundamentos que Dios estableció para el matrimonio, a fin de que lo vean a Él como el modelo de un cónyuge perfecto. A lo largo de estos estudios se plantarán semillas que irán germinando en sus corazones y en sus mentes en los años por venir.

En nuestra cultura, tan práctica y realista, muchas veces queremos pasar por alto el *porqué* para ir directamente al *qué*. Pensamos que si *seguimos* los seis pasos o *aprendemos* las cinco maneras, alcanzaremos el objetivo. Pero el crecimiento con raíces profundas es más lento, con un propósito determinado, y se inicia con una comprensión bien fundada del designio divino. Saber por qué existe el matrimonio es crucial para lograr soluciones más efectivas. El matrimonio es un don de Dios, una relación de pacto única y distinta, por medio de la cual su gloria y su bondad se manifiestan; y sólo conociendo al arquitecto y su plan, podemos edificar nuestro matrimonio sobre el cimiento más seguro.

Dios creó el matrimonio; le asignó un propósito específico, y se ha comprometido a llenar con fresca vida y renovada fortaleza cada unión rendida a Él. Dios quiere unir los corazones de cada pareja, consolidarlos en amor, y conducirlos hasta la línea de llegada –todo por su gran misericordia y bondad.

Que Dios, en su gracia, los guíe a su verdad, fortaleciendo sus vidas y su matrimonio.

Gary T. Smalley
Fundador y Presidente del Directorio
Smalley Relationship Center

Introducción

Pero al principio de la creación Dios "los hizo hombre y mujer". Por eso dejará el
hombre a su padre y a su madre, y se unirá a su esposa, y los dos llegarán a ser
un solo cuerpo. Así que ya no son dos, sino uno solo.
Marcos 10:6-8

La abundancia en el matrimonio puede utilizarse en diversas situaciones, tales
como estudio bíblico en grupos pequeños, clases de Escuela Dominical, o
sesiones de consejería o tutoría. Incluso una pareja individual puede utilizar
este libro en su propio hogar, como un estudio para edificación de su matrimonio.

Cada una de las cuatro sesiones consta de cuatro componentes principales.

Estructura general de la sesión

Labrar la tierra
Es una introducción al tema central de discusión; consiste en un comentario
seguido de preguntas, para enfocar los pensamientos en la idea principal de
la sesión.

Plantar la semilla
En este momento del estudio bíblico leerán una porción de las Escrituras y
contestarán preguntas que los ayudarán a descubrir verdades inmutables de
la Palabra de Dios

Regar la esperanza
Es un tiempo para el debate y la oración. Sea que estén estudiando en casa
como pareja, en un grupo pequeño o en una clase, hablar con su cónyuge
acerca del tema de la lección es una forma maravillosa de afianzar esa verdad y plantarla profundamente en sus corazones.

Cosechar el fruto
Pasando a la acción, esta parte de la sesión ofrece sugerencias para poner en
práctica la verdad de la Palabra en su relación matrimonial.

Sugerencias para el estudio en pareja

Hay por lo menos tres opciones para utilizar este estudio en pareja.

- Pueden usarlo como estudio devocional. Cada cónyuge estudia el material individualmente durante la semana; luego, en un día determinado, ambos se reúnen para debatir lo que han aprendido y la forma de aplicarlo a su relación.
- Pueden elegir estudiar una sesión juntos durante una tarde, y luego desarrollar las actividades de aplicación durante el resto de la semana.
- Por ser un estudio breve, también es un espléndido recurso para un retiro de fin de semana. Pueden hacer un viaje de fin de semana y estudiar juntos cada sesión, intercalándola con sus actividades de esparcimiento favoritas.

Sugerencias para el estudio en grupo

Existen varias maneras de utilizar este estudio en grupos. La forma más común es hacerlo en grupos pequeños de estructura similar a un grupo de estudio bíblico. No obstante, puede utilizarse además en clases de Escuela Dominical para adultos. Cualquiera sea la modalidad elegida, hay algunas pautas generales que deben seguirse para el estudio en grupo.

- Mantengan el grupo pequeño (entre cinco y seis parejas como máximo).
- Pidan a las parejas que se comprometan a asistir regularmente durante las cuatro semanas de estudio. Esta regularidad en la asistencia es clave para la construcción de relaciónes y el desarrollo de la confianza dentro de un grupo.
- Anime a los participantes a *no* compartir detalles de índole personal o que puedan avergonzar a su cónyuge, sin haberle pedido previamente su autorización.
- Todo lo que se trate en las reuniones grupales tiene carácter confidencial, y debe ser mantenido en la más absoluta reserva, sin trascender más allá de los miembros del grupo.

Hay ayudas adicionales para líderes en la parte final de este libro y en la *Guía para el ministerio de matrimonios de Enfoque a la Familia.*

Sugerencias para mentores

Este estudio también puede ser usado en situaciones donde una pareja se convierte en mentora o consejera de otra.

- Una iglesia o ministerio puede establecer un sistema por medio del cual a una pareja que lleva varios años de casada se le encomienda reunirse de modo regular con una pareja joven.
- Una manera menos formal de iniciar una relación de tutoría consiste en que una pareja joven tome la iniciativa y se acerque a un matrimonio que sea ejemplo de madurez y santidad, y solicite reunirse regularmente con ellos. O a la inversa, puede ser que una pareja madura se aproxime a una pareja más joven con el fin de iniciar una relación como mentores de ella.
- Algunos pueden sentir temor cuando se les pide que sean mentores de otros, creyendo que jamás podrán hacerlo porque su propio matrimonio está lejos de ser perfecto. Pero así como discipulamos a los nuevos creyentes, debemos aprender a discipular a las parejas casadas, para fortalecer sus matrimonios en este mundo tan difícil. El Señor ha prometido "estaré con ustedes siempre" (Mateo 28:20).
- Antes de comenzar a ser mentores de otros, completen ustedes mismos el estudio. Esto les servirá para fortalecer su propio matrimonio, y los preparará para poder guiar a otra pareja.
- Estén dispuestos a aprender tanto o más que la(s) pareja(s) de quien(es) serán mentores.

Hay ayudas adicionales sobre cómo ser mentores de otra pareja en la *Guía para el ministerio de matrimonios de Enfoque a la Familia.*

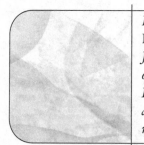

La Serie sobre el matrimonio de Enfoque a la Familia *está basada en* The Marriage Masterpiece *de Al Jansen (Wheaton IL: Tyndale House Publishers, 2001), que trata sobre lo que el matrimonio puede –y debería– ser. En este estudio, ¡es un placer guiarlos en la maravillosa aventura de encontrar el gozo que Dios quiere que experimenten en su matrimonio!*

Vivir *según* el designio

Y Dios creó al ser humano a su imagen; lo creó a imagen de Dios. Hombre y mujer los creó, y los bendijo con estas palabras: Sean fructíferos y multiplíquense; llenen la tierra y sométanla; dominen a los peces del mar y a las aves del cielo, y a todos los reptiles que se arrastran por el suelo.

Génesis 1:27-28

Durante los bombardeos de la Segunda Guerra Mundial, miles de niños quedaron huérfanos y pasando hambre. Los afortunados fueron rescatados y se los llevó a un campo de refugiados donde se los cuidó y alimentó. Pero muchos de esos niños no podían dormir por la noche. Temían levantarse al día siguiente y encontrarse una vez más sin hogar y sin comida. Nada parecía tranquilizarlos. Hasta que alguien le dio a cada uno un pedazo de pan para que lo sujetara a la hora de dormir. Al tener su pan, los niños por fin lograron dormir en paz. Durante la noche el pan les recordaba: *Hoy comí y mañana comeré otra vez.*[1]

Muchos de nosotros actuamos como esos niños huérfanos, preocupándonos constantemente por tener suficiente de lo que necesitamos, o que creemos que necesitamos. Los temores individuales a causa de nuestros limitados recursos nos impiden actuar en equipo con nuestro cónyuge, y a medida que la tensión y la ansiedad aumentan, nuestro matrimonio sufre. Los "no tenemos suficiente..." comienzan a hacerse sentir:

· No tenemos suficiente tiempo para hacer todo
· No tenemos suficiente dinero
· No tenemos suficiente horas de sueño o de descanso
· No tenemos suficiente conversación para sentirnos cerca de nuestro cónyuge

- No tenemos suficientes oportunidades para divertirnos con nuestra familia
- No tenemos suficiente...

Bueno, ¡usted me entiende!

Pero tenemos buenas noticias: Hemos recibido algo mucho más tranquilizador que el pan que calmaba a esos niños huérfanos después de la Segunda Guerra Mundial. Dios nos ha dado a cada uno *más* que suficiente para proveer a todas nuestras necesidades. A cambio de ello, debemos servir como administradores de lo que nos ha sido dado.

A medida que estudien la Palabra de Dios, usted y su cónyuge recibirán las herramientas necesarias para construir un matrimonio que no sólo sobreviva, sino que prospere. La vida ya no estará determinada por los "No tenemos suficiente": en lugar de eso, estará determinada por la asombrosa abundancia de Dios.

Labrar la tierra

Nuestra cultura define a la gente como consumidora; la Palabra de Dios la define como administradora. ¿Cuál es la diferencia?

· Los consumidores consumen cosas; los administradores las cuidan.

· Los consumidores buscan más y mejor; los administradores hallan satisfacción en lo que tienen.

· Los consumidores buscan la paz a través de la adquisición de recursos; los administradores encuentran paz en saber que los recursos les serán provistos.

· Los consumidores nunca tienen suficiente; los administradores tienen más que suficiente.

La sociedad de hoy llama, atrae e incluso exige a la gente que se vea a sí misma como consumidora. Todos los días, carteleras publicitarias, comerciales radiales y televisivos y anuncios de las revistas intentan llevarnos a pensar que lo que tenemos no es suficientemente bueno y que para ser realmente felices necesitamos más –de todo. La Palabra de Dios nos llama a definirnos a nosotros mismos como administradores.

1.   ¿Se ve usted principalmente como un consumidor o como un administrador?

2.   Marque el recuadro que está junto a la afirmación que mejor describe la forma en que usted y su cónyuge se sienten respecto a cada asunto.

   · Posesiones materiales

   ❑   Es importante tener las mejores cosas posibles e ir actualizándolas regularmente.

   ❑   Sabemos que la mayoría de las cosas son reemplazables, pero mantenemos las que podemos.

   ❑   Sólo reemplazamos las cosas cuando es necesario y preferimos cuidar lo que tenemos.

- Necesidades básicas

  - ❑ Nos aseguramos de tener lo necesario –si no nos cuidamos nosotros, ¿quién lo va a hacer?
  - ❑ Sabemos que Dios se ocupa de las grandes cosas, pero aún seguimos preocupados por los detalles.
  - ❑ Confiamos en que Dios proveerá para todas nuestras necesidades, y confiamos en que su guía nos llevará a donde debemos estar para poder recibir sus bendiciones.

- Contentamiento

  - ❑ Las comodidades son muy importantes para nosotros.
  - ❑ Preferimos tener calidad antes que cantidad.
  - ❑ Todo lo que tenemos es un regalo de Dios y lo que tenemos es suficiente para nuestras necesidades.

3. ¿En qué áreas, si es que hay alguna, está ansioso porque siente que no tiene lo suficiente?

Cuando estudiemos la historia de la creación y oigamos las palabras de Jesús, descubriremos los secretos para vivir como buenos administradores en un mundo consumido por el consumismo (perdonen la redundancia).

Plantar la semilla

Usted debe practicar los principios básicos si quiere tener éxito en cualquier área de su vida, incluyendo el matrimonio. Conocer esos principios es esencial para tener un matrimonio abundante. ¿Ha pensado alguna vez cuáles son los principios básicos cuando se trata del matrimonio? Dios tiene un plan, y nos lo ha dado cuando creó a Adán y Eva.

El Jardín del Edén no fue creado meramente como un lugar para que Adán y Eva descansaran y comieran su fruta favorita. Cuando Dios creó a esta primera pareja, lo hizo según su propósito.

4.   ¿Qué dice Génesis 1:26 acerca del propósito de Dios para Adán y Eva?

5.   ¿De qué manera el haber sido creado a imagen de Dios lo ayuda a usted a cumplir su propósito?

A través de todo el Antiguo Testamento, gobernar sobre alguien se refería típicamente al poder del señor sobre sus siervos.

6.   Lea Marcos 10:42-45. Explique cómo la afirmación de Jesús contradice los roles de señor y siervo que eran tradicionales hasta entonces.

¿Por qué cree que es tan importante que nos sirvamos los unos a los otros?

Mientras que Génesis 1-2:3 nos da un panorama general de cuando Dios creó la tierra, Génesis 2 da una descripción más íntima y detallada de la creación del hombre y la mujer.

Al leer el relato de la creación de nuestro mundo, se dará cuenta de que continuamente se afirma que los seres humanos fueron designados para cuidar del mundo que Dios había creado (ver Génesis 1:26-28; 2:5-7, 15, 18).

> *Nota:* Las palabras hebreas usadas para describir cómo define Dios nuestro propósito en la tierra incluyen *abad* (ver Génesis 2:5), *parah* y *rabah* (ver Génesis 1:28). "Abad" puede traducirse como "trabajar o servir".[2] El hombre fue puesto sobre la tierra para actuar como siervo, cuidando de las cosas que Dios había creado. "Parah" puede traducirse como "sean fructíferos",[3] y "rabah" como "multiplíquense, llenen la tierra y señoreen".[4] El designio de Dios no fue meramente que el hombre trabajara la tierra, ¡también quiere que disfrutemos de sus muchas provisiones!

7. Lea Génesis 1:28-29; 2:4-9 y luego describa las formas en que Dios provee para usted y su cónyuge.

8. ¿Qué dice Santiago 1:17 acerca de la manera en que Dios provee parea nosotros?

El designio de Dios para el matrimonio es que usted sea "una sola carne" con su cónyuge (Génesis 2:24). Esto incluye el ser copartícipes en la administración, cuidando de todo aquello con lo que Dios los bendijo. ¿Ha pensado alguna vez en cómo cambiaría su matrimonio si viera los recursos que tiene como una dádiva de Dios, que se los dio para que usted cuide de su creación? Piense en esto mientras que avanza en este estudio. Abra su corazón y su mente al potencial de aquello con lo que Dios lo ha bendecido y cómo puede usted servirlo a Él.

9. Después de leer Mateo 6:25-34, explique con sus propias palabras lo que Jesús quiso decir.

¿Qué quiso expresar Jesús cuando dijo: "Busquen primeramente el reino de Dios y su justicia, y todas estas cosas les serán añadidas" (v. 33)?

Regar la esperanza

Lea la siguiente historia de Eric y Diana:

Tanto Diana como Eric crecieron en hogares donde el dinero era escaso y donde sus padres les inculcaron la ética del trabajo –junto con el temor de que el poco dinero que tenían se acabara.

Ambos recordaban haber oído a sus padres discutir sobre el pago de las cuentas, tratando de decidir qué cuentas pagar primero y cuáles postergar por un mes más. Cuando Eric y Diana se casaron, decidieron que no pelearían por asuntos de dinero como lo hacían sus padres. Ambos consiguieron empleos bien pagos, y trabajaron juntos para mantener sus finanzas al día. Sin entender por qué, Eric y Diana se sentían compelidos a contarles a sus familiares y amigos lo bien que les estaba yendo económicamente. A todos los que los rodeaban les parecía que su principal tema de conversación era, de una forma u otra, el dinero. Pero Eric y Diana ni siquiera imaginaban lo efímera que sería su felicidad y que tantas cosas podían cambiar tan rápidamente.

El primer golpe a su seguridad financiera ocurrió cuando a Eric lo despidieron de su empleo. Recibió una indemnización por cese durante tres meses y estaba seguro de que tenía tiempo de sobra para poder encontrar otro buen empleo. *De hecho*, pensó, *creo que me voy a tomar unas cortas vacaciones antes de ponerme en marcha.* Después de dos semanas de vacaciones, decidió salir a buscar trabajo. Mientras iba en su automóvil rumbo a una entrevista, alguien lo chocó de atrás cuando estaba detenido en un semáforo y sufrió una grave lesión en su columna que requirió una operación inmediata, meses en el hospital y dos años de rehabilitación.

Las cuentas de ahorro de las que ambos se sentían tan orgullosos se agotaron rápidamente, y comenzaron a tener temor de perder su casa. Un amigo se enteró de sus dificultades y se acercó a su pastor para ver si había algo que la iglesia pudiera hacer para ayudarlos. El pastor llevó el asunto a los ancianos de la iglesia, quienes unánimemente votaron para darles a Eric y a Diana el dinero suficiente para cubrir el pago de su hipoteca durante tres meses.

Eric y Diana, sin salir de su asombro por el regalo que les habían dado, empezaron a visitar la iglesia de su amigo. Pronto comenzaron a considerar la iglesia de su amigo como suya propia. Finalmente Eric encontró otro empleo en otra especialidad, y aunque no tenía un sueldo tan alto como en el anterior, estaba satisfecho porque este trabajo le proveía lo que él y Diana necesitaban.

Hoy, Eric y Diana son personas diferentes porque sintieron la mano de Dios proveyendo para ellos. Aunque no tienen tanto dinero como antes, no cambiarían por nada la seguridad que encontraron al confiar en Dios.[5]

10. ¿Cuál era la verdadera causa del temor que sentían Eric y Diana?

11. ¿Ha experimentado alguna vez el temor de no tener lo suficiente de algo? ¿Era algo que necesitaba o algo que quería tanto que *creyó* que lo necesitaba?

Al fin, ¿sus temores resultaron justificados, o sus necesidades fueron satisfechas?

Si hay cinco ranas en una hoja flotante y cuatro planean saltar al agua, ¿cuántas quedan sobre la hoja? Una, ¿verdad? Mal.

La respuesta es que aún quedan cinco ranas en la hoja flotante. Si sólo *planean* saltar y nunca lo hacen, nada cambia.

¿Está listo para dar el salto de ser un consumidor a convertirse en administrador?

Paso uno: prepárese para saltar (sea agradecido)

Se dice que el teólogo dominico del siglo trece, Meister Johannes Eckhart, afirmó que si tan solo pronunciamos una palabra de agradecimiento, hemos dicho lo suficiente. Comience esta aventura de convertirse en administrador con oraciones diarias de acción de gracias por la provisión de Dios.

Comprométase con su cónyuge a aceptar el desafío de expresar agradecimiento durante cinco días. Llene la siguiente tabla durante los próximos cinco días. Antes de ir a dormir cada noche, comparta lo que ha escrito para ese día con su cónyuge. Quizás esté agradecido por las mismas cosas todos los días, pero cada día trate de agregar al menos dos o tres cosas nuevas. ¡Diviértase y sea creativo!

Día Uno	**Día Dos**	**Día Tres**	**Día Cuatro**	**Día Cinco**
Estoy agradecido por	Estoy agradecido por	Estoy agradecido por	Estoy agradecido por	Estoy agradecido por

Paso dos: salte (busque a Dios primero)

Con su cónyuge piensen en diferentes formas en las que pueden buscar primero el Reino de Dios. Al considerar cada una, elijan una disciplina que usted y su cónyuge practicarán durante el resto de este estudio. Escriban sus nombres en los espacios en blanco y luego escriban la disciplina que han decidido llevar a la acción.

Nosotros, _____ y _____ planeamos _____ durante el resto de este estudio para aprender a buscar primero el Reino de Dios en nuestras vidas.

Paso tres: caiga al agua (vigile su estrés)

Numere los siguientes elementos del 1 al 7 (1 sería el más estresante y el 7 el menos estresante) para graduar el nivel de tensión que cada uno de ellos crea en su matrimonio:

_____ Uso del dinero

_____ Uso del tiempo

_____ Relación con mi cónyuge

_____ Relación con mis amigos

_____ Relación con otros miembros de la familia

_____ Uso de talentos y dones personales

_____ Responsabilidades y presiones del trabajo

A lo largo de las tres sesiones siguientes, vamos a considerar las pautas dadas por Dios para tratar estas áreas potencialmente estresantes. Comprométase a orar con su cónyuge por las tres primeras que causen estrés en su relación. Luego prepárese, porque su matrimonio comenzará a prosperar cuando se embarque en la gran aventura de administrar y vivir en la abundancia de Dios.

Notas:

1. Dennis Linn, Sheila Fabricant, y Matthew Linn, *Sleeping with Bread: Holding What Gives You Life* [Durmiendo con pan: Aferrándote a la vida] (Mahwah, NY: Paulist Press, 1995), n. p.
2. *Nueva concordancia exhaustiva de la Biblia Strong* (Nashville, TN: Thomas Nelson Publishers, 1984), #5467.
3. Ibidem, #6509.
4. Ibidem, #7235.
5. Esta es una compilación de varias historias. Cualquier semejanza con una situación real es pura coincidencia

Si tuviéramos *un poco más...*

No acumulen para sí tesoros en la tierra, donde la polilla y el óxido destruyen, y donde los ladrones se meten a robar. Más bien, acumulen para sí tesoros en el cielo, donde ni la polilla ni el óxido carcomen, ni los ladrones se meten a robar. Porque donde esté tu tesoro, allí estará también tu corazón.

Mateo 6:19-21

Observemos el día típico de una mujer que vive en el país africano de Sierra Leona. ¡Hablamos de un día entero de trabajo!

4 A.M.	Despertarse y comenzar el día yendo a pescar a la laguna local.
6 A.M.	Encender el fuego, calentar el agua para lavar, preparar el desayuno, lavar los platos y barrer el complejo de viviendas.
8 A.M.	Trabajar en los campos de arroz con dos hijos, uno de ellos cargado en su espalda.
11 A.M.	Recoger fresas, hojas y cortezas. Llevar todo esto, junto con el agua, de vuelta al complejo de viviendas.
MEDIODÍA	Procesar y preparar la comida, cocinar el almuerzo y lavar los platos.
2 P.M.	Lavar la ropa, llevar agua al complejo de viviendas, limpiar y ahumar el pescado.
3 P.M.	Trabajar en el jardín familiar.
5 P.M.	Pescar nuevamente en la laguna local.
6 P.M.	Procesar y preparar los alimentos; luego cocinar la cena.
8 P.M.	Lavar los platos y bañar a los niños.
9 P.M.	Pelar semillas y hacer redes de pesca mientras está de visita en casa de sus vecinos alrededor del fuego.
11 P.M.	Ir a dormir (en el piso).[1]

¡Imagine cuánto tiempo podría ahorrar esta mujer si solamente tuviera una lavadora, una cocina, agua corriente, un lavavajillas, una tienda de comestibles local y un restaurante de comidas rápidas! ¿Tiene usted alguna de estas cosas? Por supuesto que sí –si es que no las tiene todas; como mínimo usted tiene agua corriente, una cocina y alguna tienda donde ir a comprar comestibles. Piense respecto a su vida: ¿le ahorra tiempo el tener estas comodidades, o está tan ocupado como la mujer de Sierra Leona? Es la gran paradoja de una cultura consumista: tenemos todas estas cosas para hacer la vida más fácil, y con todo estamos increíblemente ocupados.

Lo que se aplica al tiempo también es válido para el dinero. ¿Alguna vez pensó cuánto dinero tendría que ganar para sentirse contento con sus finanzas? La mayoría de la gente dice que si sólo pudiera ganar un quince o veinte por ciento más, estaría satisfecha. La dura realidad es que se vería en apuros para encontrar una persona que sienta que tiene suficiente, ya sea que gane $10,000 o $250,000 al año.

Los "no hay suficiente" y los "si tan sólo..." pueden comenzar a afectar un matrimonio –pero las buenas noticias son que no tienen por qué hacerlo. La Palabra de Dios nos da pautas útiles y claras para ayudarnos a entender cómo podemos ser buenos administradores de nuestro tiempo y nuestro dinero.

Labrar la tierra

1. Observemos *su* día típico. Use la siguiente hoja de agenda, dividida en períodos de dos horas, para detallar cómo utiliza habitualmente su día:

4 A.M. _____

6 A.M. _____

8 A.M. _____

10 A.M. _____

MEDIODÍA _____

2 P.M. _____

4 P.M. _____

6 P.M. _____
8 P.M. _____
10 P.M. _____
MEDIANOCHE _____

¿Qué aspecto de su agenda diaria cambiaría si pudiera?

2. ¿Cuánto tiempo pasa con su cónyuge cada día?

En la siguiente sección de este estudio semanal hablaremos sobre la importancia del Shabbat (día de reposo). Ahora, veamos cuánto tiempo de quietud pasa con Dios *diariamente*.

3. ¿Cuánto tiempo dedica a orar y a meditar cada día?

Usted concierta una cita para ver a su doctor y a su dentista, concierta una cita para que le reparen el automóvil –y quizás hasta haga una cita para ir a la peluquería. ¿Pensó alguna vez en hacer una cita todos los días para pasar tiempo con Dios?

4. ¿Cómo cambiarían sus "no hay suficiente" y "si tan sólo..." si tuviera que hacer (y cumplir) una cita con Dios todos los días?

5. Marque el cuadro de la oración que mejor describa cuánto se comunican usted y su cónyuge respecto al dinero (por ejemplo, cómo gastarlo, cuánto ahorrar).

    ❏ No estamos de acuerdo en ningún asunto de dinero.
    ❏ La mayoría de las veces, discutimos cuando hablamos sobre dinero.
    ❏ Estamos trabajando en nuestra comunicación en cuanto a asuntos de dinero y hemos progresado en esta área desde que nos conocimos.
    ❏ El tema del dinero nos es un problema para nosotros porque básicamente compartimos la misma opinión de cómo gastarlo y ahorrarlo.

6. ¿En qué tiende usted personalmente a gastar dinero?

    ¿En qué tienden usted y su cónyuge a gastar dinero?

7. ¿Comparten ambos las mismas responsabilidades en cuanto a sus finanzas? Si no es así, ¿quién de los dos está a cargo y por qué?

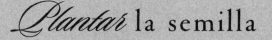

Plantar la semilla

Imagine que lo han contratado para un trabajo específicamente creado de acuerdo con sus dones y talentos. No sólo es un trabajo a medida especialmente para usted, sino que también le han garantizado un cheque de pago que cubrirá exactamente lo que necesita por el resto de su vida. En su primer día de trabajo, su jefe lo recibe en la puerta y dice: "¡Bienvenido! Ahora puede ir a casa y descansar. Tenemos una política especial para todos los empleados en su primer día: también es su primer día libre pago. ¡Nos vemos mañana!"

Suena bien, ¿no es así?

El gozo del descanso

Génesis 2:3 dice que "Dios bendijo el séptimo día, y lo santificó, porque en ese día descansó de toda su obra creadora". Cuando Dios santifica algo, lo aparta. La Biblia es santa porque los libros que la componen han sido apartados como Palabra de Dios. Un santuario es santo porque ese edificio fue apartado para adoración. ¿Qué hizo que el día séptimo fuera santo, diferenciándolo de todos los demás días? ¡El descanso!

8. ¿Qué lección les habrá estado tratando de enseñar Dios a Adán y Eva al bendecir su primer día completo de trabajo como día de descanso?

9. ¿De qué manera tomar un día para descansar y honrar a Dios lo apartaría de la corriente dominante de la cultura actual?

La palabra hebrea para descanso es *shabbat*, que no sólo significa descansar o cesar, sino que también tiene un sentido de completitud.[2] La palabra que se usa para el séptimo día de la semana es *yom shabbat*.[3] El número siete en las Escrituras hebreas suele estar asociado con la completitud, el cumplimiento y la perfección. De esta manera, la obra creadora de Dios fue completada cuando Dios descansó.

Dios llamó al pueblo de Israel para que fuera su pueblo. El Antiguo Testamento nos cuenta la historia de cómo Dios le mostró a su pueblo cómo seguirlo y vivir la vida que Él creó para ellos.

10. Escriba Éxodo 20:8-11 en sus propias palabras.

¿Cómo podría poner en práctica este mandamiento en su matrimonio?

Cuando honramos el día de reposo, esto nos recuerda que el tiempo no nos pertenece como para hacer con él lo que nos plazca. Cada semana, Dios nos llama a descansar de nuestras ocupaciones para recordar que no tenemos el control de nuestras vidas: *Él lo tiene*.

Honrar el día de reposo significa descansar un día a la semana, pero usted también puede dedicar tiempo durante la semana para ver las cosas desde una perspectiva diferente y considerar los dones que Dios le dio. Detenernos a descansar regularmente, nos recuerda que el mundo seguirá girando sin nosotros (¡por mucho que nos gustaría pensar lo contrario!).

Recuerde las palabras de Jesús en Mateo 6:33: "Busquen primeramente el reino de Dios y su justicia, y todas estas cosas les serán añadidas".

11. ¿Le resulta difícil tomarse un día de descanso y honrar a Dios? ¿Por qué o por qué no?

La tiranía del éxito

Parte de la lucha por darle nuestro tiempo a Dios es porque simplemente estamos demasiado ocupados tratando de ser exitosos, dedicando largas horas al trabajo para ganar más dinero y alcanzar nuestros ideales materialistas (esto es, la casa más bonita, el automóvil más lujoso, los últimos aparatos y juguetes, las vacaciones familiares más emocionantes, etc.). Intencionalmente tratamos de llenar de tesoros nuestros cofres personales.

Jesús tenía mucho que decir acerca de los tesoros y de lo que nos hace felices. Un día Jesús se alejó de sus muchas ocupaciones y se fue a un monte. Cuando sus amigos cercanos lo encontraron, comenzó a enseñarles cómo vivir una vida que les traería verdadero gozo.

12. Lea Mateo 6:19-21 y piense sobre los tesoros que quiere alcanzar como individuo. ¿Qué dicen de usted esos tesoros?

¿Qué tesoros quieren alcanzar juntos como matrimonio? ¿Qué dicen esos tesoros de ustedes como pareja casada?

Jesús dijo: "Nadie puede servir a dos señores, pues menospreciará a uno y amará al otro, o querrá mucho a uno y despreciará al otro. No se puede servir a la vez a Dios y a las riquezas". El término "riquezas" no sólo se refiere al dinero en billetes y monedas –incluso si no tiene dinero (o mucho dinero), Dios le *ha* dado recursos con los cuales servirle a Él y a otros.

13. Describa cómo sería un matrimonio dedicado a servir a las riquezas.

Ahora describa cómo sería ese mismo matrimonio si la pareja se dedicara a servir a Dios con sus riquezas.

Un administrador es alguien que administra las riquezas de otro. Por analogía, Dios da recursos a su pueblo, ¡haciéndolo administrador de los recursos de Él!

14. ¿Qué dicen los siguientes pasajes acerca de cómo Dios desea que su pueblo administre sus riquezas?

Salmo 37:21

Proverbios 22:9

Lucas 12:13-21

Lucas 12:41-48

1 Corintios 4:2

2 Corintios 9:6-11

1 Timoteo 6:17-19

Dios lo ha bendecido con un matrimonio en el que puede experimentar gozo y satisfacción. No solamente les ha dado a usted y su cónyuge la tarea de cuidar el tiempo y los recursos que les fueron concedidos, sino que también les ha provisto todo lo que necesitan para llevarla a cabo.

Consideremos la siguiente historia verídica de Tomás y Rosa:

"Las cosas van a ser distintas una vez que nos casemos –le dijo Tomás a Rosa mientras caminaban por la playa una de las pocas tardes que pasaban juntos."

"¿De veras? –respondió Rosa algo escéptica–. ¿Cómo es eso?"

"Bueno, ahora estamos trabajando mucho para ahorrar dinero para el casamiento y la luna de miel. Naturalmente vamos a tener más tiempo para conversar y estar juntos una vez que estemos casados y viviendo en la misma casa."

"Espero que tengas razón" –respondió su prometida.

Un año más tarde, los recién casados rara vez se veían el uno al otro. Las presiones de tiempo que según Tomás disminuirían, de hecho aumentaron hasta que entre los dos llegaron a trabajar 115 horas por semana.

Embarazada de su primer hijo y frustrada por la situación, la solitaria esposa de Tomás contempló la idea de presentar una demanda de divorcio.[4]

15. ¿Qué consejo les habría dado a Tomás y Rosa si hubiera estado caminando con ellos ese día en la playa? ¿Qué podrían haber cambiado para que pasar tiempo juntos se convirtiera en una prioridad para ellos?

16. ¿Cómo pueden las parejas casadas o comprometidas honrar a Dios con su tiempo y sus riquezas?

Mientras piensa en lo que ha aprendido hasta ahora en este estudio, es importante que considere cómo aplicarlo a su propia vida. Recuerde: es la *acción* –no la *intención* de actuar– lo que cambia las cosas.

17. Piense junto con su cónyuge en diferentes ideas, y use la siguiente columna de la izquierda para hacer una lista de dos áreas en la que pueden mejorar el uso del tiempo, y dos áreas en la que pueden mejorar el uso del dinero. Luego, en la columna de la derecha, escriba las razones por las que deberían realizar dichos cambios.

Ahora que ha identificado algunas áreas en las que usted y su cónyuge pueden trabajar juntos para mejorar el uso del tiempo y el dinero, es hora de planificar algunos detalles para implementar el cambio en esas áreas.

18. Elija un elemento de cada área que escribió en la lista, y junto con su cónyuge pónganse de acuerdo sobre cuatro pasos que pueden dar para realizar cada cambio (ver ejemplo).

Ejemplo:

Honrar el Sabbath (día de reposo)

- Acción paso uno: Conversar anticipadamente con mi cónyuge sobre cómo hacer esto.
- Acción paso dos: Contarle a otra pareja sobre nuestra intención y hacernos responsables ante ellos.
- Acción paso tres: Planear nuestro Sabbath (día de reposo) con tiempo y cumplir nuestro plan.
- Acción paso cuatro: Honrar el Sabbath (día de reposo) descansando, estudiando la Biblia y adorando a Dios.

Uso del tiempo:

Acción paso uno: _____

Acción paso dos: _____

Acción paso tres: _____

Acción paso cuatro: _____

Uso del dinero:

Acción paso uno: _____

Acción paso dos: _____

Acción paso tres: _____

Acción paso cuatro: _____

Ahora que tiene un plan, fije un día de esta semana en la que usted y su cónyuge se reunirán para hablar sobre el compromiso que han hecho. Ya lo hemos dicho antes, y lo decimos una vez más: no es la intención la que hace que las cosas pasen: ¡es la acción!

Notas:

1. David Beckmann y Arthur Simon, *Grace at the Table* [Gracia en la mesa], (Downers Grove, IL: InterVarsity Press, 1999), p. 97.
2. Howard J. Marshall, A. R. Millard, J. L. Parker y D. J. Wiseman, gen. eds., *New Bible Dictionary* [Nuevo diccionario bíblico], 3rd ed. (Downers Grove, IL: InterVarsity Press, 1996), p. 834-835.
3. Ibídem.
4. Nos alegra informarles que el matrimonio de Tomás y Rosa no sólo sobrevivió, sino que también floreció a medida que aprendieron a poner como prioridad el pasar tiempo con Dios y el uno con el otro. Su historia se usó con permiso.

Una relación *a la vez*

No hagan nada por egoísmo o vanidad; más bien, con humildad consideren a los demás como superiores a ustedes mismos. Cada uno debe velar no sólo por sus propios intereses, sino también por los intereses de los demás.
Filipenses 2:3-5

¿Alguna vez se ha sentido utilizado o no debidamente apreciado por los demás? Quizás trabajó demasiadas horas por muy poco dinero sólo para ser echado a la calle por recortes de personal. Quizás tuvo una amistad unilateral, en la que usted ponía todos sus esfuerzos. O tal vez se agotó trabajando en el ministerio porque, por mucho que se esforzara, la gente sólo señalaba las cosas que debían mejorarse. O tal vez siente que su cónyuge no lo aprecia como debiera.

Dentro de los matrimonios, de la Iglesia y de nuestra cultura, las relaciones se rompen cuando la gente trata a los demás como si fueran mercancías para ser consumidas En una cultura donde el consumismo es rey, quizás hasta lo aplaudan si usa a alguien para satisfacer sus propios deseos y necesidades personales.

Los administradores transitan un camino diferente. En vez de consumir relaciones, el administrador se dedica a nutrirlas como dádivas puestas a su cuidado. A cambio, experimenta la vida de la forma en que Dios la planeó. En el estudio de esta semana, vamos a ver el plan de Dios para las relaciones que hay en su vida, incluyendo su matrimonio.

Antes de abordar el estudio correspondiente a esta semana, tomemos un momento para explorar la diferencia entre consumir relaciones y administrar relaciones.

1. Describa brevemente alguna relación en la que se sintió que lo trataron como una mercancía. ¿Cómo lo hizo sentir ser tratado de esa manera?

2. Describa brevemente alguna relación en la que se sintió cuidado y protegido. Lo que sintió ¿en qué fue diferente de lo que describió en la pregunta anterior?

3. Clasifique las siguientes relaciones según la importancia que asigna a cada una para tener una vida plena y satisfactoria (siendo 1 la más importante y 7 la menos importante).

_____ Relación con los padres

_____ Relación con la iglesia

_____ Relación con el cónyuge

_____ Relación con Dios

_____ Relación con amigos

_____ Relación con jefe y compañeros de trabajo

_____ Relación con extraños

Ahora piense en su día promedio. Clasifique estas mismas relaciones de acuerdo con el esfuerzo que pone en ellas (siendo 1 el mayor esfuerzo y 7 el menor esfuerzo).

_____ Relación con los padres
_____ Relación con la iglesia
_____ Relación con el cónyuge
_____ Relación con Dios
_____ Relación con amigos
_____ Relación con jefe y compañeros de trabajo
_____ Relación con extraños

Una de las grandes paradojas de las relaciones humanas es que a veces herimos a las personas más cercanas, y nos mostramos amables y compasivos con otros a quienes apenas conocemos. A todos nos ha pasado. ¿No le suena familiar el siguiente argumento?

A Esteban se le había hecho tarde para llegar a una reunión pero debió detenerse en una estación de servicio. Mientras esperaba que se imprimiera el recibo de su tarjeta de crédito, vio a una señora mayor que luchaba para desenroscar la tapa del tanque de combustible. Esteban se ofreció a ayudarla y pronto se encontró animando a la mujer a que subiera al auto y le permitiera cargar el tanque de combustible por ella.

Más tarde, mientras Esteban estaba descansando y mirando el tercer tiempo del partido de básquetbol, su esposa, Susana, le pidió si podía ayudarla sacando al niño del baño y secándolo, para que ella pudiera ir a la cocina a preparar la cena. Molesto, Esteban remarcó que él había trabajado todo el día y que *apenas* estaba comenzando a relajarse.

Como pasó bruscamente delante de ella por el pasillo para ir hasta el baño, Esteban nunca vio en los ojos de Susana el dolor que le había causado su comentario egoísta.

Los nombres y circunstancias pueden variar, pero sin duda usted ha experimentado alguna vez este tipo de situaciones, sea como causante o como receptor. El plan de Dios para su vida es que muestre el amor de Jesús no sólo a los extraños, sino también a las personas que conoce –incluido su cónyuge. Usted y su cónyuge fueron llamados a aliarse en su matrimonio para servirse el uno al otro, y a otros.

Plantar la semilla

El plan global de Dios para las relaciones

Desde la celda de una cárcel, un pastor oyó que una de las iglesias que él había plantado estaba experimentando algunas dificultades. La iglesia tuvo sus humildes orígenes en una reunión de oración al aire libre que había seguido creciendo, y los miembros de la iglesia habían demostrado constantemente el amor de Jesús ocupándose de las necesidades de los demás. Pero ahora, el pastor se había enterado de que había divisiones y conflictos en la congregación. La gente utilizaba a los demás para conseguir lo que quería y para promover sus propias causas. El pastor se interesaba mucho por la gente de esta iglesia: había que hacer algo.

¿La ciudad? Filipos ¿El pastor? Pablo. Gracias a Dios, Pablo no andaba con rodeos, y por esta razón, su carta a los filipenses contiene instrucciones para vivir el plan de Dios como buenos administradores de nuestras relaciones.

4. Haga una lista de las frases de Filipenses 2:1-5 que hablan sobre la relación con Dios y con los demás.

Casi todas las frases de este pasaje nos dicen algo acerca de administrar relaciones. En Filipenses 2, Pablo continúa ampliando el pensamiento que había iniciado en Filipenses 1:27: "Pase lo que pase, compórtense de una manera digna del evangelio de Cristo".

Lea Filipenses 2:1-2. Observe que hay varias frases que comienzan con la palabra "si", pero no el "si" "como normalmente se usa: como la condición de la cual depende lo que sigue".[1] En lugar de eso, Pablo estaba dando una idea general de cómo deberíamos actuar puesto que ya hemos experimentado esos beneficios en Cristo.

5. ¿Por qué habrá comenzado Pablo sus instrucciones acerca del plan de Dios para las relaciones recordando a los filipenses los beneficios que habían experimentado al seguir a Cristo?

6. Describa la forma en que ha experimentado o que ha visto a otros experimentar los siguientes beneficios que Pablo menciona en Filipenses 2:1:

Estímulo en la unión con Cristo

Consuelo en su amor

Compañerismo en el Espíritu

Afecto entrañable

Después de describir los beneficios de seguir a Cristo, Pablo pidió que completaran su gozo "teniendo un mismo parecer, un mismo amor, unidos en alma y pensamiento" (v. 2). Pablo no pidió que los filipenses estuvieran de acuerdo absolutamente en todo, pero les exigía que tuvieran la misma actitud cuando se trataba de ocuparse de la gente.

7. ¿Por qué se habría llenado de alegría Pablo si los filipenses hubieran tenido unidad en su comprensión de las relaciones?

¿Cómo podrían estar más unidos usted y su cónyuge si tuvieran que demostrar la misma actitud que Pablo estaba tratando de incentivar en los creyentes de Filipos?

Las instrucciones de Dios para ser un mayordomo de nuestras relaciones

Filipenses 2:3-5 nos da magnificas pautas para ser buenos mayordomos de nuestras relaciones. Veamos algunos principios simples, pero profundos.

"No hagan nada por egoísmo o por vanidad" (v. 3).

En Filipenses 1:17, Pablo también usa el termino "ambición personal" para describir las conductas de aquellos que predicaban con el propósito de causarle problemas. El egoísmo o la vanidad, "se aloja en el mismo corazón de la humanidad caída, donde el interés y el engrandecimiento propios a expensas de otros dictan fundamentalmente los valores y los comportamientos".[2] El egoísmo trata a la gente como si fuera mercancía, usando a otros para su propio beneficio.

8. ¿En qué área(s) trata a su cónyuge con egoísmo? (Marque lo que corresponda.)

- ❏ Quehaceres domésticos
- ❏ Intimidad sexual
- ❏ Actividades profesionales
- ❏ Cuidado de los niños
- ❏ Tiempo para estar sólo
- ❏ Otro _____

- ❏ Gasto del dinero
- ❏ Pago de cuentas
- ❏ Tiempo libre
- ❏ Control sobre el control remoto de la televisión

9. ¿Cuál sería una manera en la que usted y su cónyuge podrían trabajar juntos esta semana para no tratarse el uno al otro con egoísmo?

"Más bien, con humildad consideren a los demás como superiores a ustedes mismos" (v. 3).

La humildad es una de las mayores y menos comprendidas virtudes cristianas. En el mundo grecorromano en el que Pablo escribió, la humildad era vista como un defecto o debilidad. Cuando Jesús mostró un concepto de la humildad diferente del pensamiento común de ese tiempo, indudablemente iba contra la corriente, pero no le importó. Jesús tenía tal confianza en quién era Él y por qué estaba aquí en la tierra, que no necesitaba humillar a los demás para sentirse superior.

10. ¿Le resulta difícil mostrar humildad hacia su cónyuge? ¿Por qué o por qué no?

11. "Sométanse unos a otros, por reverencia a Cristo" (Efesios 5:21). ¿De qué modo centrarse en su relación con Jesús lo ayudaría a humillarse ante su cónyuge?

¿Cómo podría ayudar este cambio de enfoque a humillarse ante los demás?

"Cada uno debe velar no sólo por sus propios intereses sino también por los intereses de los demás" (v. 4).

¿Alguna vez obsequió algo que pensaba que era el regalo perfecto sólo para que quien lo recibió mostrara poco o ningún entusiasmo? Suele ser más fácil dar por supuesto que los demás quieren las mismas cosas que nosotros que tomar tiempo para averiguar lo que necesitan o desean.

12. Describa alguna oportunidad en la que su cónyuge mostró un interés genuino en sus necesidades o deseos. ¿Cómo lo hizo sentir esto?

13. ¿Es posible mostrar deseo o interés genuinos en las necesidades de los demás sin desatender las suyas propias? ¿Por qué?

"La actitud de ustedes debe ser como la de Cristo Jesús" (v. 5).

Para parafrasear este versículo, usted debería tener el mismo modo de pensar que tenía Cristo en cuanto a las relaciones. Lea los versículos 6 al 8 para descubrir qué tipo de actitud tenía Jesús.

14. ¿Cómo describiría la actitud de Jesús hacia los demás?

15. ¿Qué le dicen los siguientes pasajes de las Escrituras, sobre la mejor manera de entablar relaciones con los demás?

Marcos 10:42-45

Mateo 18:2-4

¿Es posible tener la actitud de Cristo en todas las relaciones? No; al menos no es humanamente posible. Pero sí es posible con Dios. Él es el único que puede darle la fuerza y el deseo que usted necesita para cumplir lo que lo llamó a hacer. Dios no solamente ha demostrado cómo ser un buen administrador, también ha provisto los medios para que usted lo sea.

Juan 16:7-15 describe la importancia de tener al Espíritu Santo en su vida. Cuando usted entrega su ser a Cristo, el Espíritu Santo literalmente se pone a su lado como consejero para ayudarlo a vivir como Dios quiere.

16. ¿Cómo influye en su enfoque de lo que es ser buen administrador de sus relaciones el saber que el Espíritu Santo lo capacita para vivir como Dios quiere?

¿Ha experimentado el amor y el perdón de Dios en una forma personal? ¿Ha tomado la decisión de poner su vida en sus manos? Para convertirse en un buen administrador hay que comenzar por esa decisión. El paso siguiente es priorizar sus relaciones.

La prioridad de sus relaciones

El siguiente triángulo de prioridad de relaciones, basado en Efesios 5 y 6, es un diagrama simple para priorizar sus relaciones.

Relación con
extraños

Relación con amigos
y compañeros de trabajo

Relación con otros miembros
de la familia

Relación con con el cónyuge

Relación con Dios —Padre, Hijo y Espíritu Santo

Cuando hace de su relación con Dios su primera prioridad, establece un fundamento firme para todas las demás relaciones, puesto que cada una de ellas se construye sobre la primera. En su libro *En pos de lo supremo,* Oswald Chambers escribió: "Sus prioridades deben ser primero Dios, segundo Dios y tercero Dios, hasta que su vida esté de continuo frente a frente con Dios y que nadie más importe en absoluto".[3]

Después de Él mismo, Dios lo llamó a usted a ser fiel a su cónyuge. Usted pasa de Aquel que mejor lo conoce, a la persona que es uno con usted mediante el matrimonio. Piense en esto: ¡en esta tierra usted no es uno con nadie más que con su cónyuge! Si no cuida de su relación matrimonial, las demás relaciones estarán construidas sobre suelo poco firme.

Después de su cónyuge, la siguiente prioridad es su relación con los demás miembros de la familia, y luego con la gente de fuera de la familia. Dios lo llama a cuidar de quienes han sido puestos directamente bajo su cuidado y luego pasar a las demás relaciones.

17. Resuma lo que dice cada uno de los siguientes pasajes acerca de priorizar sus relaciones.

Génesis 2:23-24

1 Timoteo 3:4-5

1 Timoteo 5:8

Consideremos la historia de David y Julia:

Después de 30 años de matrimonio, David y Julia convinieron en un período de separación como prueba. Al enterarse de la noticia de su ruptura, ni sus hijos ni sus amigos cercanos se sorprendieron, puesto que se lo veían venir desde hacía mucho tiempo.

David era un trabajador social dedicado y había invertido muchas horas en las vidas de sus clientes. Aquellos a quienes ayudaba le comentaban continuamente al supervisor de David que él siempre estaba disponible para tratar sus problemas y preocupaciones. Como contadora pública titulada, Julia trabajaba medio tiempo como asistente contable para poder estar con sus tres hijos el mayor tiempo posible.

A medida que pasaron los años, David y Julia fueron distanciándose. No era raro que sus hijos se durmieran escuchando a la pareja discutir por el dinero o por el hecho de que David daba tanto de sí a gente extraña que no le quedaba nada para darle a su familia. Aunque continuaron asistiendo a la iglesia como familia, ni David ni Julia recordaban cuándo había sido la ultima vez que oraron juntos en casa.

Cuando su hijo menor se fue a la universidad, la pareja se dio cuenta de lo mucho que se habían distanciado el uno del otro, y ninguno tenía muchas esperanzas de que su matrimonio roto tuviera solución. Después de todo, razonaban, ya había corrido mucho agua bajo el puente, y con los hijos ya crecidos, ¿qué razón había para permanecer juntos?[4]

18. ¿Cómo se vería el triángulo de prioridades de David?

¿Y el de Julia?

¿En qué se diferenciarían las prioridades compartidas por esta pareja con las que se destacan en Efesios 5 y 6?

19. ¿Qué deberían hacer David y Julia respecto de su matrimonio?

20. Sea honesto con usted mismo y haga su triángulo de prioridad de las relaciones. ¿Cuáles son sus prioridades en este momento de su vida?

21. Use la siguiente escala para representar cuánto ha cambiado su relación con Dios hasta ahora en este estudio bíblico:

1	2	3	4	5

Ningun cambio   Algunos cambios   Grandes cambios

22. Mencione dos formas prácticas tanto en actitudes cono en acciones en las que debe cambiar para cuidar mejor su relación con su cónyuge. (Por ejemplo, podría anotar: "reconocer y agradecer las pequeñas cosas que mi cónyuge hace por mí" como un cambio en la actitud, y "pasar al menos 15 minutos sin interrupciones con mi cónyuge después de cenar todas las noches, compartiendo cómo pasamos el día" como un cambio en la acción.)

Actitud

Acción

23. Piense en otras relaciones que usted y su cónyuge deben cuidar (podrían ser miembros de la familia, amigos y compañeros de trabajo –incluso gente que está en otros países). ¿En qué dos formas podrían servir a estas personas durante el próximo mes?

Cuando sus relaciones con los demás estén construidas sobre el fundamento firme de una relación personal con Dios, comenzará a tratar a los demás como tesoros valiosos y no como mercancías prescindibles. Al hacerlo, se dará cuenta del pleno potencial de cada relación en la que Dios lo ha puesto –y verá su mano obrar en cada aspecto de su vida (incluyendo su matrimonio).

Notas:
1. Maxie D. Dunnam, *The Communicator's Commentary: Galatians, Ephesians, Philippians, Colossians, Philemon* (Waco, TX: The Word Books, 1982), p. 276.
2. Gordon D. Fee, *Paul's Letter to the Philippians: The New International Commentary of the New Testament* (Grand Rapids, MI: William B. Eerdmans Publishing, 1995), p. 186.
3. Oswald Chambers, *En pos de lo supremo* (España: Editorial CLIE, 2003), p. 13.
4. Esta es una compilación de varias historias. Toda semejanza con una situación real es pura coincidencia.

Recibimos
para dar

No os conforméis a este siglo, sino transformaos por medio de la renovación de vuestro entendimiento, para que comprobéis cuál sea la buena voluntad de Dios, agradable y perfecta.
Romanos 12:2

¿Recuerda haber recibido algún regalo de Navidad que haya sido sumamente especial? Seguramente sí. Un día Tomás encontró, por accidente, un obsequio que había estado guardado durante mucho tiempo.

Una mañana de verano estaba explorando unas cajas en el ático para preparar una venta de objetos usados. La mayoría de las cajas estaban llenas de "tesoros" que seguramente alguien podría agregar a su propia colección.

Mientras abría la última caja, atrajo mi atención un papel de regalo rojo. Pronto descubrí un obsequio cuidadosamente envuelto. Observé la tarjeta y leí "Para Tomi, de mamá, Feliz Navidad". Mi madre me había dado este presente con todo su amor, y por alguna razón había terminado cerrado, en el ático.[1]

¡Imagine descubrir un obsequio escogido especialmente para usted y que seguía esperando ser abierto! Tomás experimentó esto con un regalo de su mamá. Dios les ha dado regalos, dones - individuales y colectivos- y recursos, para ser utilizados para su reino. En muchos matrimonios esos recursos permanecen sin ser abiertos, descubiertos o utilizados. Parte del mandamiento de Dios de "sean fecundos y... multiplíquense" (Génesis 9:7) es para que puedan utilizar los dones que Dios les ha dado con el fin de ayudarles a multiplicarse y llevar fruto para su reino. A medida que descubra y haga uso de esos dones junto a su cónyuge, experimentará el gozo de un matrimonio abundante que sucede al mandamiento de Dios de ser administradores sabios.

1. Describa los dones y talentos de su cónyuge que primero le atrajeron hacia él o ella.

2. Describa a las parejas que usted conozca que utilicen en equipo sus dones y recursos para servir a otros.

3. Complete las siguientes oraciones para definir las distintas maneras en que un consumidor y un administrador enfocan el uso de sus dones y recursos:

   Un consumidor utiliza sus dones y recursos para _____

   Un administrador utiliza sus dones y recursos para _____

Plantar la semilla

Howard Hughes fue uno de los más talentosos e ingeniosos hombres del Estados Unidos de mediados del siglo veinte. También era uno de los más excéntricos; nunca estaba satisfecho con sus riquezas o sus logros. Hughes tenía el mundo a sus pies, pero aún así murió virtualmente solo, ya que la mayor parte de su vida la pasó alimentando su necesidad de consumir.

A pesar de que muy pocos de nosotros tendremos alguna vez los recursos que Howard Hughes poseyó, todos hemos sido dotados con dones y recursos. Si tomáramos la vida de Howard Hughes como un ejemplo extremo de lo que ocurre cuando pasas tu vida como un consumidor, ¿cómo enfocaría un administrador sabio el uso de sus dones y recursos? Demos un vistazo a lo que Jesús tiene para decir al respecto.

4. Lea Mateo 24:45-51 ¿Cómo actuó el siervo de esta historia como consumidor de los dones y recursos puestos a su cargo?

5. ¿Qué ocurre cuando utilizamos los dones y recursos que Dios nos ha dado para nuestro beneficio personal?

6. ¿Cuáles son algunas de las diferencias entre las vírgenes prudentes y las insensatas, en Mateo 25:1-13?

¿Cuáles son algunas de las similitudes?

¿En qué le hace pensar esta parábola en cuanto a estar listo para utilizar los dones y recursos para los propósitos con que Dios se los entregó?

Ahora prestemos atención a Mateo 25:14:30.En primer lugar, a cada siervo se le confiaron ciertos bienes, de acuerdo con su capacidad. En el momento en que Jesús contó esta historia, un trabajador hubiera necesitado 20 años de esfuerzo para ganar el equivalente a un talento, de manera que aún el siervo que recibió la menor cantidad de parte de su amo, había recibido mucho.

7. ¿El amo, esperaba más del siervo al cual le había confiado mucho? ¿Por qué sí o por qué no?

8. ¿Cuáles podrían haber sido los temores que el tercer siervo pudo haber experimentado cuando consideró cómo utilizar los recursos que le habían sido confiados?

El miedo a menudo nos impide usar nuestros dones y recursos. Tememos no tener la capacidad suficiente o no tomar las decisiones apropiadas, y no estamos seguros de si Dios proveerá para nosotros en el futuro.

9. ¿Estás dispuesto a utilizar los dones y recursos que Dios te ha confiado, o temes que Él no vuelva a proveer para tus necesidades?

Dios ha prometido que si obedecemos su mandamiento de utilizar nuestros recursos con sabiduría, Él continuará proveyendo abundantemente para nosotros.

10. En relación con la parábola de los tres siervos, ¿A qué se refería Jesús cuando dijo "Porque a todo el que tiene, se le dará más, y tendrá en abundancia. Al que no tiene se le quitará hasta lo que tiene." (v. 29)?

Está claro que Jesús lo está llamando a ser un administrador sabio de los dones y recursos que ha recibido. Entonces, ¿cómo pueden convertirse usted y su cónyuge en mayordomos sabios? Romanos 12:1-2 nos da la respuesta: toda nuestra vida, incluyendo cuanto tenemos, debe ser usado como un sacrificio para Dios. Debemos ofrecernos nosotros mismos y nuestros recursos para honrarlo a Él.

Para la mayoría de nosotros, ofrecer a Dios todo lo que tenemos no es algo que nos surja naturalmente.

11. Describa cómo podría una persona utilizar sus dones y recursos para conformarse al modelo de este mundo.

La palabra que se usa para "transformado" en griego es *metamorfoo*, y es el mismo término del cual deriva nuestro vocablo "metamorfosis". Una metamorfosis tiene lugar cuando uno cambia en apariencia, carácter, condición o función. En el mundo de los insectos, una metamorfosis ocurre cuando una oruga se convierte en mariposa. Esa metamorfosis también puede ser una realidad en nuestras vidas.

12. ¿De qué manera si adoptara cada uno de los siguientes hábitos podría transformar el modo en que usted usa sus dones y recursos para honrar a Dios?

Oración

Leer las Escrituras

Ser parte de una congregación

13. Lea Romanos 12:3 ¿Cómo el tener un concepto demasiado alto de usted mismo puede llevarlo a ser un mal administrador?

El no valorar sus dones y recursos, ¿de qué forma puede ocasionar que usted sea un mal administrador?

Aunque el mensaje primordial de Pablo en Romanos 12:4-8 es mostrarnos cómo los miembros del Cuerpo de Cristo poseen diferentes dones para que el Cuerpo funcione correctamente, la imagen del cuerpo también se relaciona con la manera en que funcionamos como matrimonio.

14. De acuerdo con Pablo en Romanos 12:4-8, ¿cómo el ser un solo cuerpo pero teniendo diferentes funciones se relaciona con la manera en que los matrimonios deberían utilizar sus dones y recursos?

15. ¿Cómo ilustra 1 Corintios 12:14-26 la importancia de las diferentes personas con diferentes talentos en el Cuerpo de Cristo?

16. De acuerdo con 1 Pedro 4:8-11, ¿cómo debería usar sus dones un administrador?

Antes de que comencemos a descubrir algunos dones que Dios les ha dado a usted y a su cónyuge, lea el siguiente caso sobre dos parejas que participaban del mismo estudio bíblico semanal:

Carlos y Margarita tienen reputación de ser generosos. Cuando a sus hijos la ropa les queda chica (y a veces aún antes), ellos encuentran alguna familia que necesite esas prendas. Aunque tienen un solo vehículo, con frecuencia lo prestan a la iglesia para los viajes del grupo de jóvenes; y a pesar de que tienen un salario muy modesto, la pareja disfruta al invitar a sus amigos para compartir deliciosas comidas en su casa. Cuando sus amigos los invitan a comer en algún restaurante, aceptan gustosos.

Alguien le preguntó hace poco al matrimonio: "¿Cómo es que para ustedes es tan sencillo dar y recibir?" Margarita respondió: "Dios cuida de nosotros, y tenemos fe en que las cosas nos irán bien".

Karina y Michael son amigos de Carlos y Margarita. Son doctores y tiene consultorios privados. Cada año, celebran una venta de garaje en la que venden todas las cosas viejas que ya no usan. Utilizan ese dinero para gastos extra en sus vacaciones anuales de verano.

Karina y Michael a menudo se han preguntado por qué sus amigos Margarita y Carlos están tan deseosos de prestar su camioneta al grupo de jóvenes. ¡Ellos no pueden ni imaginarse permitiendo que un grupo de adolescentes pueda estropear uno de sus vehículos! Según su razonamiento, el ser un buen administrador de sus automóviles significa mantenerlos inmaculados de manera que rindan su máximo valor. Karina y Michael disfrutan pasar tiempo con sus amigos y a menudo comen afuera. Extremadamente responsable con su dinero, la pareja es siempre la primera en asegurarse de pagar su parte de la cuenta del restaurante. [3]

17. ¿Cómo se comparan estas dos parejas con los siervos de la parábola de los talentos?

18. ¿Qué dones espirituales ve usted que se evidencian en cada pareja?

19. Las dos parejas de este caso en estudio consideran que son buenas administradoras. ¿Qué consejo le daría usted a cada una de ellas?

20. ¿Qué características de cada pareja ve usted en su matrimonio?

Cosechar el fruto

Tenga en cuenta sus recursos

¿Recuerda haber llegado de la escuela completamente famélico e ir directamente a la cocina para revisar la alacena y el refrigerador y buscar algo para comer? Seguramente también se acuerda de haberse quejado algunas veces: "¡Cómo puede ser que en esta casa nunca hay nada para comer!", sólo para que luego su mamá o su papá le hicieran una lista de las cosas que podría comer. Una expresión más adecuada de su enojo hubiera sido: "En esta cocina no hay nada que yo quiera comer".

Lo mismo ocurre a veces en nuestra vida de adulto, cuando fallamos en reconocer los dones y recursos con los que convivimos diariamente, porque estamos mirando hacia otras cosas.

21. Marque con una cruz junto a cada recurso que usted tenga actualmente a su disposición:

❏ Habilidad para escuchar   ❏ Instrumento musical
❏ Habilidad para leer y escribir ❏ Lugar donde vivir
❏ Ropa que no usa   ❏ Ahorros y/o cuenta bancaria
❏ Computadora   ❏ Teléfono
❏ Educación   ❏ Herramientas
❏ Películas o colección de música
❏ Transporte   ❏ Otro: _____

Escoja tres de los recursos que haya seleccionado y escriba al menos tres maneras en las que pueden ser utilizados para servir a otros (por ejemplo, miembros de su familia, compañeros de trabajo, miembros de su comunidad).

Recurso uno: _____

Recurso dos: _____

Recurso tres: _____

Explore sus dones

De acuerdo con el Grupo de Investigación Barna, el 71% de las personas dice que ha oído algo sobre los dones espirituales. De esas personas:

- 12% declara que no tienen ningún don espiritual;
- 31% puede mencionar algún don espiritual que cree poseer. Sin embargo, cuando se les pide que identifiquen esos dones espirituales, este grupo menciona una lista de características o cualidades que *no* están identificadas como dones espirituales en la Biblia. Los rasgos más mencionados son amor, amabilidad, buenas relaciones, el canto y la capacidad de escuchar. [4]

Si queremos ser buenos administradores de los dones espirituales que hemos recibido, debemos tener una clara comprensión de esos dones. [5]

22. A continuación encontrará algunos de los dones espirituales que Dios nos presenta en las Escrituras. Marque con una cruz los dones que considera que Dios puede haberles otorgado a usted y a su cónyuge.

❑ Administración (vea 1 Corintios 12:28)
❑ Apóstol (vea 1 Corintios 12:28)
❑ Discernimiento (vea 1 Corintios 12:10)
❑ Evangelismo (vea Efesios 4:11)
❑ Exhortación (vea Romanos 12:8)
❑ Fe (vea 1 Corintios 13:2)
❑ Socorrer (vea Romanos 12:8)
❑ Sanidades (vea 1 Corintios 12:28)
❑ Ayuda (vea 1 Corintios 12:28)

- ❏ Hospitalidad (vea 1 Pedro 4:9-10)
- ❏ Interpretación (vea 1 Corintios 12:10)
- ❏ Conocimiento (vea 1 Corintios 12:8)
- ❏ Liderazgo (vea Romanos 12:8)
- ❏ Misericordia (vea Romanos 12:8)
- ❏ Misionero (vea Hechos 22:21; 1 Corintios 9:19-23)
- ❏ Pastor (vea Efesios 4:11)
- ❏ Profecía (vea 1 Corintios 12:28)
- ❏ Servicio (vea 1 Pedro 4:10)
- ❏ Enseñanza (vea 1 Corintios 12:28)
- ❏ Lenguas (vea 1 Corintios 12:28)
- ❏ Pobreza voluntaria (vea Hechos 2:44-45, 4:34-37; Santiago 2:5)

23. ¿En qué forma ha ejercitado usted, en el último año, los dones que marcó?

¿En qué forma ha descuidado el uso de esos dones?

24. Enumere varias maneras en que usted podría animar a su cónyuge a ser un buen administrador de sus dones.

Enumere varias maneras en que usted podría desanimar a su cónyuge y evitar que llegue a ser un buen administrador (¡y esfuércese por no hacerlo!).

25. ¿De qué modos puede usted usar los dones que posee para complementar a su cónyuge?

26. Al pensar en lo que ha aprendido sobre usted mismo y su matrimonio durante este estudio, ¿qué le gustaría que cambie en su matrimonio, de aquí a un año, en cuanto a la administración?

¿Qué pasos puede dar usted, personalmente, para lograr este objetivo? ¿Qué pasos puede dar junto con su cónyuge?

Notas:

1. Esta es una historia real, y ha sido impresa con permiso.
2. "The NAS New Testament Greek Lexicon", *Crosswalk.com*. http://bible.crosswalk.com/Lexicons/Greek/grk.cgi?number=3339&version=nas (12 de Agosto de 2003).
3. Este es un relato de ficción. Toda semejanza con una situación real es pura coincidencia.
4. George Barna, *Spiritual Gifts* [Dones espirituales], 2001. http://www.barna.org/cgi-bin/PageCategory.asp?CategoryID=35 (22 de Julio de 2003)
5. Si desea encontrar cuestionarios diseñados para ayudarle a descubrir sus dones espirituales, consulte: C. Peter Wagner, *Discover Your Spiritual Gifts* [Descubra sus dones espirituales] (Ventura, CA: Gospel Light, 2002).

Guía de discusión
para el líder

Pautas generales

1. En lo posible, el grupo debería ser liderado por una pareja casada. Esto no significa que ambos esposos deban conducir las discusiones grupales; quizá uno es más apto para fomentar el debate mientras que el otro se desempeña mejor en la organización o ayudando a formar y consolidar relaciones; pero el matrimonio líder debería compartir responsabilidades en todo lo que sea posible.

2. En la primera reunión, asegúrense de exponer claramente las reglas fundamentales para los debates grupales, recalcando que el seguir dichas reglas contribuirá a que todos se sientan cómodos durante los tiempos de discusión.

   a. Ningún participante puede compartir detalles de índole personal o que puedan avergonzar a su cónyuge, sin haberle pedido previamente su autorización.

   b. Sea cual fuere el tema discutido en las reuniones grupales, tiene carácter confidencial, y debe ser mantenido en la más absoluta reserva, sin trascender más allá de los miembros del grupo.

   c. Dé lugar a que participen todos los miembros del grupo. Sin embargo, como líder, no fuerce a ninguno a contestar alguna pregunta si no se muestra dispuesto a hacerlo. Sea sensible a los diferentes tipos de personalidad y estilos de comunicación de los integrantes del grupo.

3. El tiempo de comunión es muy importante para consolidar relaciones en un grupo pequeño. El suministrar bebidas y/o un refrigerio, ya sea antes o después de cada sesión, fomentará un tiempo de comunión informal con los demás miembros.

4. La mayoría de la gente tiene vidas muy ocupadas; respeten el tiempo de los integrantes de su grupo comenzando y terminando puntualmente las reuniones.

La Guía para el ministerio de matrimonios de Enfoque a la Familia *tiene aún más información sobre como iniciar y liderar un grupo pequeño, y es un recurso de inapreciable valor para guiar a otros a través de este estudio.*

Cómo usar este material

1. Cada sesión cuenta con material más que suficiente para cubrir un período de enseñanza de 45 minutos. Probablemente el tiempo no alcance para discutir cada una de las preguntas en la sesión, así que prepárense para cada reunión seleccionando previamente las que consideran como las más importantes para tratar en grupo; debatan otras preguntas si el tiempo lo permite. Asegúrense de reservar los últimos 10 minutos de la reunión para que cada pareja interactúe individualmente y para orar juntos antes de despedirse.

    Plan opcional de ocho sesiones: Si desean llegar a cubrir todo el material presentado en cada sesión, pueden dividirla fácilmente en dos partes. Cada sección de la sesión consta de suficientes preguntas como para dividirla por la mitad, y las secciones de estudio bíblico (Plantar la semilla) están divididas en dos o tres secciones que pueden utilizarse para enseñar en sesiones separadas. (Podrá encontrar más ayuda sobre cómo hacerlo en la *Guía para el ministerio de matrimonios de Enfoque a la Familia.*)

2. Cada cónyuge debería tener su propia copia del libro para contestar las preguntas personalmente. El plan general de este estudio es que las parejas completen las preguntas en sus casas y luego traigan sus libros a la reunión para compartir lo que hayan aprendido durante la semana.

    Sin embargo, la experiencia de liderar grupos pequeños hoy en día demuestra que a algunos miembros les resultará complicado realizar las tareas. Si este es el caso de su grupo, consideren la posibilidad de adaptar las lecciones para que los miembros completen el estudio durante el tiempo de reunión a medida que los guía en la lección. Si utilizan este método, asegúrense de animar a los integrantes a compartir sus respuestas individuales con sus cónyuges durante la semana (tal vez alguna noche que destinen específicamente para ello).

Antes de la reunión

1. Si las parejas no se conocen y/o si usted no conoce el nombre de todos, reúna materiales para hacer tarjetas de identificación.

2. También consiga papel, lápices o bolígrafos extra, fichas de 3x5 pulgadas, y Biblias, además de una pizarra blanca o pizarrón o un pliego grande de papel para diario.

3. Haga fotocopias del **Formulario para pedidos de oración** (vea la sección "Formularios fotocopiables" de la *Guía para el ministerio de matrimonios de Enfoque a la Familia*) o consiga fichas de 3x5 pulgadas para registrar los pedidos. Quizás desee tener un cuaderno para registrar los pedidos y orar por cada miembro del grupo durante la semana.

4. Complete el estudio bíblico durante la semana. Lea sus propias respuestas a las preguntas, marcando las que desea que se debatan en el grupo. También resalte los versículos clave que crea apropiados para compartir durante el estudio. Mientras prepara sus respuestas, pida que Dios guíe el debate.

5. Prepare papelitos con las citas bíblicas de los versículos que usted desea que sean leídos en voz alta durante las sesiones. Si lo prefiere, puede distribuirlos a medida que llegan los integrantes, pero sea sensible a los que se sienten incómodos al leer en voz alta o que no estén familiarizados con la Biblia.

Rompehielos

1. Distribuya los formularios de oración (o las fichas) a medida que llegan los integrantes y solicite que completen su pedido antes de comenzar la sesión. (Si no tienen un pedido de oración específico, al menos, pueden escribir su nombre en el papel, para que otro integrante pueda orar por él o ella por nombre durante la semana siguiente.)

2. Si ésta es la primera vez que este grupo de parejas se reúne, haga que todos se presenten y que cuenten brevemente cómo se conocieron y el tiempo que llevan casados y un hecho interesante sobre su cónyuge. Asegúrese de recordarles que no revelen detalles relativos a sus cónyuges que ellos mismos se sentirían incómodos al compartir.

3. **Opción 1**: Invite a cada pareja a compartir sobre algún viaje o actividad apasionante que hayan disfrutado juntos.
4. **Opción 2:** Haga que cada miembro comparta una característica, o cualidad, de su cónyuge que él o ella valora.
5. Lea la introducción junto con todo el grupo.

Discusión

1. **Labrar la tierra**: Pida algún voluntario que lea las diferencias que existen entre consumidores y administradores; luego haga que voluntarios compartan una de sus respuestas a la pregunta 2. Asegúrese de compartir sus propias respuestas –esto creará una apertura y vulnerabilidad que será necesaria para que las parejas saquen el mejor provecho de este estudio. Si nadie más desea compartir, no fuerce la situación. Las parejas irán sintiéndose más cómodas para abrirse a medida que avance el tiempo.

2. **Plantar la semilla**: Separe al grupo en grupos más pequeños de dos o tres parejas y haga que los miembros debatan la importancia de servirse el uno al otro y cómo eso se relaciona con la administración de los dones de Dios, o con cuidar las cosas que Dios nos dio.

3. **Regar la esperanza**: Pida que algunos voluntarios compartan sus respuestas a la pregunta 10 y haga que los grupos debatan las diferentes formas en las que el temor nos impide ser buenos administradores de lo que Dios nos ha dado.

   Pida que algunos voluntarios compartan sus respuestas a la pregunta 11 y escríbalas en el pizarrón, en la pizarra blanca o en la hoja de papel para diario. Señale que a veces podemos desear tanto algo que nos convencemos de que lo necesitamos. Debatan sobre cómo este modo de pensar puede afectar nuestra confianza en que Dios proveerá para cada una de nuestras necesidades.

4. **Cosechar el fruto**: Haga énfasis en la importancia de llevar a la acción lo aprendido cada semana durante este estudio. Recuerde a los miembros que al hacer este estudio simplemente están sentando las bases para vivir de acuerdo con las pautas de Dios en lo que respecta a ser administradores. Debatan la importancia de la oración y de la acción de gracias en la vida diaria, y cómo cada uno de los pasos indicados en esta sección ayudará a las parejas a ser mejores administradoras.

   El primer paso está diseñado para dar a cada pareja una forma práctica de comenzar el día con acción de gracias. Pídales que se comprometan al desafío de los cinco días de agradecimiento, y a finalizar cada día compartiendo con su cónyuge lo que han escrito para ese día.

El segundo paso está diseñado para ayudar a las parejas a buscar primeramente el Reino de Dios en sus vidas y en su matrimonio. Pueden elegir practicar una disciplina juntos o elegir dos y hacerlo por separado.

El tercer paso está diseñado para ayudar a las parejas a reconocer en sus vidas las áreas que producen mayor estrés que otras. Así pueden priorizar y tratar de resolver juntos esas cosas que producen tensión.

5. **Concluyan con oración**: Una parte importante de toda relación de grupo pequeño es el tiempo dedicado a orar unos por otros. Esto también puede llevarse a cabo de distintas formas:

   a. Solicite a las parejas que escriban sus pedidos de oración específicos en el formulario (o en las fichas). Estos pedidos pueden compartirse con todo el grupo o ser intercambiados con los de otras parejas como compañeros de oración durante la semana. Si deciden compartir los pedidos, oren como grupo antes de finalizar la reunión; si los intercambian, dé un tiempo a los compañeros de oración para que oren juntos.

   b. Reúna al grupo y dirija a las parejas en una oración guiada, pidiendo que Dios continúe guiándoles al compartir el maravilloso plan que Él tiene para sus vidas.

   c. Pida que cada pareja ore junta.

Después de la reunión

1. **Evalúe**: Los líderes deben dedicar tiempo a evaluar la efectividad de las reuniones (vea la *Guía para el ministerio de matrimonios de Enfoque a la Familia*, buscar la *Hoja de evaluación* en la sección de "Formularios fotocopiables").

2. **Aliente**: Durante la semana, trate de ponerse en contacto con cada pareja (por medio de llamados telefónicos, notas breves, o chateando o por correo electrónico) y dele la bienvenida al grupo. Póngase a su disposición para responder cualquier pregunta que puedan tener y trate de conocerlos en general. Sería bueno que el esposo-líder se comunique con los hombres y la esposa-líder con las mujeres.

3. **Equípese**: Complete el estudio bíblico, aunque ya lo haya realizado antes con su cónyuge.

4. **Ore**: Prepárese en oración para la próxima reunión, orando por cada pareja y por su propia preparación como líder.

Antes de la reunión

1. Ore con su cónyuge y debatan sobre cómo Dios ha estado obrando en su matrimonio durante la semana pasada.

2. Consiga materiales para hacer tarjetas de identificación además de papel, lápices o bolígrafos, fichas de 3x5 pulgadas y algunas Biblias.

3. Haga fotocopias del formulario de oración o junte fichas para registrar los pedidos. Tenga a mano su diario o cuaderno de oración y revise los pedidos para la semana. A medida que llegan los integrantes, puede chequearlos informalmente, o puede preguntar si alguno desea compartir cómo contestó Dios las oraciones durante la semana.

4. Lea sus propias respuestas a las preguntas de la sesión, marcando las que desea específicamente que se debatan en el grupo. Mientras se prepara, pida que Dios guíe los debates grupales y que le dé mayor entendimiento sobre su propio uso del tiempo y del dinero.

5. Prepare papelitos con las citas bíblicas de los versículos que usted desea que sean leídos en voz alta durante la sesión. Pero recuerde, sea sensible a los que prefieren no leer en voz alta.

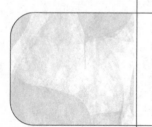

> **Nota**: Hay quienes se sienten muy incómodos al hablar sobre el dinero. Quizás usted quiera reconocerlo en primer lugar, y así animar a otros a abrirse y hablar del temor que sienten respecto a compartir sobre este tema, pero que de todas maneras está dispuesto a correr el riesgo porque quiere crecer en esta área.

Rompehielos

1. A medida que llegan los miembros, entrégueles los formularios (o las fichas) para escribir pedidos de oración. Anímelos a completarlo antes de comenzar la sesión.

2. **Opción 1**: Entregue a cada integrante una hoja de papel en blanco y un lápiz o bolígrafo. Haga que todos escriban sus respuestas a las siguientes preguntas:

    · Si usted pudiera agregar cuatro horas extra a su día, ¿qué haría con ese tiempo extra?

> · Si su empleador le ofreciera incrementar su salario de acuerdo
> con lo que usted pidiera, ¿cuál sería el monto y qué haría con el
> dinero extra?

3. **Opción 2**: Invite a los miembros a compartir algo que hayan descubierto durante el desafío de expresar agradecimiento durante cinco días.

4. **Opción 3**: Invite a los miembros a describir su día típico, incluyendo una cosa que les gusta acerca de su rutina y otra que no.

5. Comience con oración.

Discusión

1. **Labrar la tierra**: Haga que un voluntario lea la rutina diaria de la mujer de Sierra Leona. Separe al grupo en otros más pequeños y haga que compartan las respuestas de la última parte de la pregunta 1 y las preguntas 4 y 7. Reúna a todo el grupo nuevamente y debatan lo difícil que nos puede resultar admitir que no siempre somos los mejores administradores de nuestro tiempo o de nuestro dinero.

2. **Plantar la semilla**: El desafío de este particular estudio bíblico es que cada uno de los temas de cómo honrar a Dios con nuestro tiempo y dinero podría darse por separado en un estudio de seis semanas de duración. Debatan las preguntas 8 y 9. Señale que aunque se nos manda apartar el Sabbath (día de reposo), no es para cargarnos de otras cosas para hacer, sino para que podamos detener las actividades y descansar, relajarnos y reflexionar sobre cómo Dios provee para nosotros.

   Pida que algunos voluntarios compartan lo que aprendieron de los pasajes bíblicos que figuran en la pregunta 14 para que el grupo piense sobre cómo Dios espera que usemos nuestro dinero. (Esto se tratará con mayor profundidad en la próxima sección.)

3. **Regar la esperanza**: Divida al grupo en otros más pequeños y haga que los miembros debatan los consejos que le habrían dado a esa pareja aquel día en la playa. Anímelos a sugerir estrategias que Tomás y Rosa podrían haber usado para evitar la tensión que ellos mismos provocaron antes y después de la boda.

4. **Cosechar el fruto**: Haga que los miembros debatan sus planes de acción (pregunta 18).

5. **Concluyan con oración**: Haga que cada pareja se junte con otra y comparta sus pedidos de oración. Haga que los compañeros de oración oren juntos y luego finalice la reunión orando por las parejas.

Después de la reunión

1. **Evalúe**: Dedique tiempo a evaluar la efectividad de las reuniones.
2. **Aliente**: Contacte a cada pareja durante la semana y anímela a contactarse con sus compañeros de oración.
3. **Equípese:** Complete la sesión 3 de este estudio bíblico.
4. **Ore:** Prepárese en oración para la próxima reunión, orando por cada pareja y por su propia preparación como líder.

Antes de la reunión

1. Consiga papel, lápices o bolígrafos, algunas tarjetas de 3x5 pulgadas y Biblias, según sea necesario.

2. Haga fotocopias del formulario de oración o junte fichas para registrar los pedidos. Tenga a mano su diario o cuaderno de oración y revise los pedidos para la semana. A medida que llegan los integrantes, puede chequearlos informalmente o preguntar si alguno desea compartir cómo contestó Dios las oraciones durante la semana pasada.

3. Lea sus propias respuestas a las preguntas de la sesión, marcando las que desea que se debatan en el grupo. Ore con su cónyuge, preguntándole a Dios qué miembros del grupo Él le está pidiendo que cuide en forma específica. Mientras se prepara, ore para que Dios lo guíe en el tiempo de debate.

4. Prepare papelitos con las citas bíblicas de los versículos que usted desea que sean leídos en voz alta durante la sesión.

Rompehielos

1. Distribuya los formularios de oración (o las fichas) a medida que llegan los miembros. Anímelos a completarlo antes de comenzar la sesión.

2. **Opción 1**: Pida a los miembros que compartan dos cualidades que aprecian de su cónyuge.

3. **Opción 2**: Pida que algunos voluntarios compartan sobre alguna relación en la que se hayan sentido responsables de cuidar a alguien.

Discusión

1. **Labrar la tierra**: Pida que algunos voluntarios compartan las respuestas de las preguntas 1 o 2. Debatan la pregunta 3 y la importancia de cada relación que Dios ha puesto en nuestra vida.

2. **Plantar la semilla**: Haga que los miembros formen grupos pequeños de dos o tres parejas y que debatan las preguntas 5 y 6. Reúna a todo el grupo nuevamente para debatir la pregunta 16 y la importancia de que el Espíritu Santo nos guíe en nuestras relaciones.

Mientras trabaja en esta sección, ore para que Dios revele quiénes aún no han tomado la decisión de seguir a Cristo. Este estudio está diseñado para atraer a la gente hacia una relación con Él, puesto que la primera relación que necesitamos para ser buenos administradores es la relación con Dios.

3. **Regar la esperanza**: Debatan las preguntas 18 y 19; después pida que los miembros tomen un momento para debatir con su cónyuge si él o ella se sentiría cómodo compartiendo su triángulo de prioridad de relaciones, que es la respuesta de la pregunta 20. Invite a alguno que esté dispuesto a compartir (y cuyo cónyuge no se oponga), a presentar la información de su triángulo.

4. **Cosechar el fruto**: Pida que algunos voluntarios compartan las respuestas de las preguntas 21 y 22.

5. **Concluyan con oración**: Que cada pareja se reúna con otra para compartir sus pedidos de oración. Dé tiempo para que los compañeros de oración oren juntos; luego finalice la reunión orando por cada pareja en forma individual.

Después de la reunión

1. **Evalúe.**

2. **Aliente**: Durante la semana, contáctese con cada pareja y pregúnteles si se han comunicado durante la semana con sus compañeros de oración. Anímelos a medida que avanzan hacia el final de este estudio.

3. **Equípese**: Complete la última sesión de este estudio.

4. **Ore**: Prepárese en oración para la próxima reunión, orando por cada pareja y por su propia preparación como líder.

> **Recuerde**: Dios los ha llamado a usted y a su cónyuge a ser buenos administradores de las parejas que integran su grupo de estudio bíblico. Usted será el modelo de un buen mayordomo en su relación con cada uno de ellos. Que Dios lo bendiga mientras usted cuida específicamente de cada integrante con el amor de Cristo.

Antes de la reunión

1. Consiga papel, lápices o bolígrafos extra, fichas de 3x5 pulgadas, y Biblias para prestarle al que necesite.

2. Haga fotocopias del formulario de oración o consiga fichas para registrar los pedidos.

3. Haga fotocopias de la *Hoja de evaluación* (vea la sección "Formularios fotocopiables" de la *Guía para el ministerio de matrimonios de Enfoque a la Familia*).

4. Lea sus propias respuestas a las preguntas de la sesión, marcando específicamente las que desea que se debatan en el grupo, en particular las que están en la sección "Plantar la semilla".

5. Prepare papelitos con las citas bíblicas de los versículos que usted desea que sean leídos en voz alta durante la sesión.

6. Asegúrese de tener una buena comprensión de la descripción de los diferentes dones espirituales mencionados en la sección "Cosechar el fruto".

Rompehielos

1. Distribuya los formulario de oración (o las fichas) a medida que llegan los miembros. Anímelos a completarlo antes de comenzar la sesión.

2. **Opción 1**: Pida que los integrantes respondan una de las siguientes preguntas:
    · ¿Cuál fue el regalo más sorprendente que haya recibido?
    · ¿Cuál fue el mejor regalo que jamás haya recibido?

3. **Opción 2**: Pida que algunos voluntarios compartan cómo los ha impactado este estudio en su matrimonio y en su entendimiento de la abundante provisión de Dios.

4. **Opción 3**: Pida que cada miembro responda la pregunta 1 de la sección "Labrar la tierra".

5. Comience la reunión con oración, agradeciendo a Dios por todo lo que Él le ha enseñado al grupo a lo largo de este estudio y pidiendo su guía y su gracia para esta última sesión.

Discusión

1. **Labrar la tierra**: Haga que cada pareja se reúna con una o dos más para formar grupos pequeños y debatir las respuestas de las preguntas 2 y 3. Dé algunos minutos para el debate; luego, pida que un voluntario de cada grupo comparta algunas de las respuestas de la pregunta 3.

2. **Plantar la semilla**: Quizás desee leer de una vez las tres parábolas de esta sección, y después leerlas individualmente para ayudar a los miembros a ver el panorama más amplio antes de trabajar en los detalles. Debatan las preguntas que usted eligió para reexaminar.

3. **Regar la esperanza**: Debatan las formas en que cada pareja del caso en estudio demuestra buena administración y lo que cada una debe mejorar. Esta es una gran oportunidad para señalar que el consejo puede ser dado como una forma de alentar y no de amonestar.

4. **Cosechar el fruto**: Anime a cada miembro a agregar otro elemento a la lista de la pregunta 21. Haga que los grupos pequeños debatan las preguntas 24 y 26.

5. **Concluyan con oración**: Use este tiempo para realizar la clausura del estudio. Ore con todo el grupo y pida que las parejas oren específicamente unas por otras, para que crezcan en su relación con Jesucristo. Después de la oración, dedique tiempo para hablar acerca de lo que los miembros del grupo van a hacer para seguir creciendo en su relación uno con otro.

Después de la reunión

1. **Evalúe**. Distribuya las hojas de evaluación para que cada integrante se la lleve a su casa. Compartan la importancia de la retroalimentación, y pida a los participantes que esta semana dediquen tiempo a escribir su informe de evaluación de las reuniones grupales y que se lo entreguen a usted.

2. **Aliente:** Llame a cada pareja durante la semana, e invítela a asistir al próximo estudio de la *Serie sobre el matrimonio de Enfoque a la Familia*.

3. **Equípese:** Comience a prepararse y a planear nuevas actividades para el próximo estudio bíblico.

4. **Ore:** Alabe a Dios por la obra que ha hecho en las vidas de las parejas del grupo. Siga orando durante algunas semanas por cada una de ellas, mientras practican aplicar a sus propias vidas las lecciones aprendidas.

ENFOQUE A LA FAMILIA®

¡Bienvenido a la Familia!

Oramos con esperanza para que al participar de esta *Serie sobre el matrimonio* de *Enfoque a la Familia*, Dios le conceda un entendimiento más profundo del plan que Él tiene para su matrimonio y que fortalezca su relación de pareja.

Esta serie es uno de los muchos recursos útiles, esclarecedores y alentadores que produce Enfoque a la Familia. De hecho, de eso se ocupa Enfoque a la Familia: de informar, inspirar y aconsejar con fundamento bíblico a personas que se hallan en cualquiera de las etapas de la vida.

Todo comenzó en 1977 con la visión de un hombre, el Dr. James Dobson, un psicólogo y autor de 18 éxitos de librería acerca del matrimonio, la crianza de los hijos y la familia. Alarmado por las presiones sociales, políticas y económicas que ponían en peligro la existencia de la familia americana, el Dr. Dobson fundó Enfoque a la Familia con solo un empleado y un programa radial semanal que transmitían solamente 36 radioemisoras.

Ahora es una organización internacional dedicada a preservar los valores judeocristianos y a fortalecer y alentar a las familias por medio del mensaje transformador de Jesucristo. Los ministerios de Enfoque llegan a familias de todo el mundo a través de 10 diferentes programas de radio, 2 programas de televisión, 13 publicaciones, 18 sitios web, y una serie de libros, películas y vídeos premiados para personas de todas las edades e intereses.

¡Nos gustaría recibir noticias suyas!

Para recibir más información sobre el ministerio, o si podemos ser de ayuda para su familia, simplemente escriba a Enfoque a la Familia, Colorado Springs, CO 80995 o llame al 1-800-A-FAMILY (1-800-232-6459). Los amigos en Canadá pueden escribir a Enfoque a la Familia, P.O. Box 9800, Stn. Terminal, Vancouver. B.C. V6B-4G3 o llamar al 1-800-661-9800. Visite nuestra página web —www.family.org— para aprender más acerca de Enfoque a la Familia o para ver si hay una oficina asociada en su país.